Arriba y debajo

Under and Over

Luana Mitten y Meg Greve

ROURKE PUBLISHING

Vero Beach, Florida 32964

www.rourkepublishing.com

PHOTO CREDITS: © sabrina dei nobili: 3; © fotoVoyager: 4, 5; © Dave Pilkington: 6, 7; © Denis Jr. Tangeny: 8, 9; © Steve Rabin: 10, 11; © Steve Snyder: 12, 13; © Ken Babione: 14, 15; © Carsten Madsen: 16, 17; © Peter Spiro: 18, 19; © Justin Horrocks: 20, 21; © Laura Eisenberg: 22, 23

Editor: Luana Mitten

Cover design by Nicola Stratford, bdpublishing.com

Interior Design by Tara Raymo

Bilingual editorial services by Cambridge BrickHouse, Inc.   www.cambridgebh.com

Library of Congress Cataloging-in-Publication Data

Mitten, Luana K.
  Under and over : concepts / Luana Mitten and Meg Greve.
    p. cm.
Includes bibliographical references and index.
ISBN 978-1-60694-382-3 (alk. paper)
ISBN 978-1-60694-514-8 (soft cover)
ISBN 978-1-60694-572-8 (bilingual)
1. Space perception. I. Greve, Meg. II. Title.
BF469.M585 2010
423'.12--dc22
                         2009016024

Printed in the USA

CG/CG

www.rourkepublishing.com - rourke@rourkepublishing.com
Post Office Box 643328 Vero Beach, Florida 32964

Debajo y arriba, arriba y debajo, ¿cuál es la diferencia entre debajo y arriba?

Under and over, over and under, what's the difference between under and over?

¿Qué pasa por arriba del río?

What goes over a river?

4

5

6

Un puente pasa por arriba del río.

A bridge goes over a river.

7

¿Qué pasa por debajo
del puente?
What goes under a bridge?

¡Un barco! *¡Bip! ¡Bip!*
A boat! *Toot! Toot!*

9

¿Qué pasa por debajo de la montaña?

What goes under a mountain?

Un túnel pasa por debajo de la montaña.

A tunnel goes under a mountain.

13

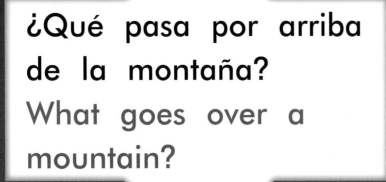

¿Qué pasa por arriba de la montaña?
What goes over a mountain?

¡Un avión! *¡Shuuu!*
An airplane! *Wooosh!*

15

16

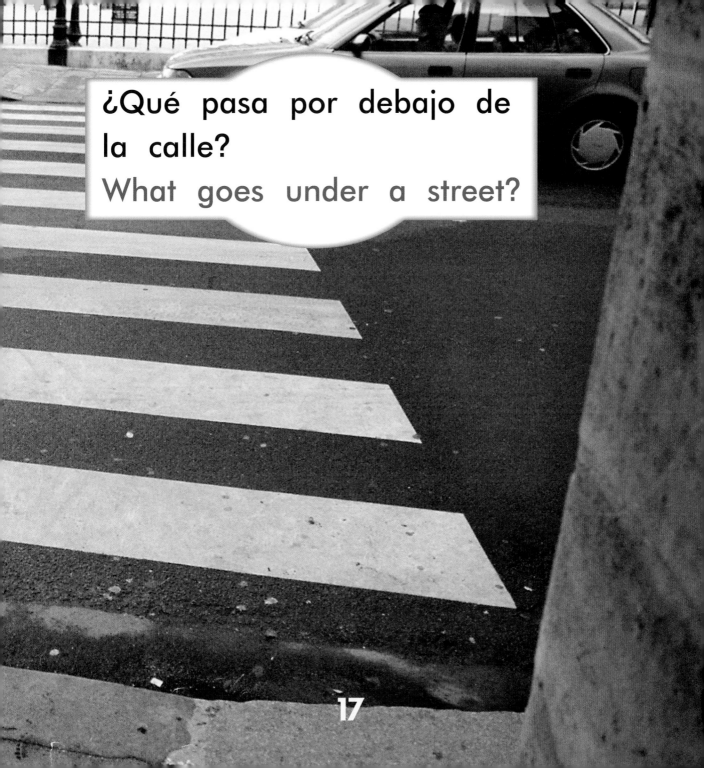

¿Qué pasa por debajo de la calle?

What goes under a street?

17

El metro pasa por debajo de la calle.

A subway goes under a street.

19

¿Qué pasa por arriba
de la calle?
What goes over
a street?

21

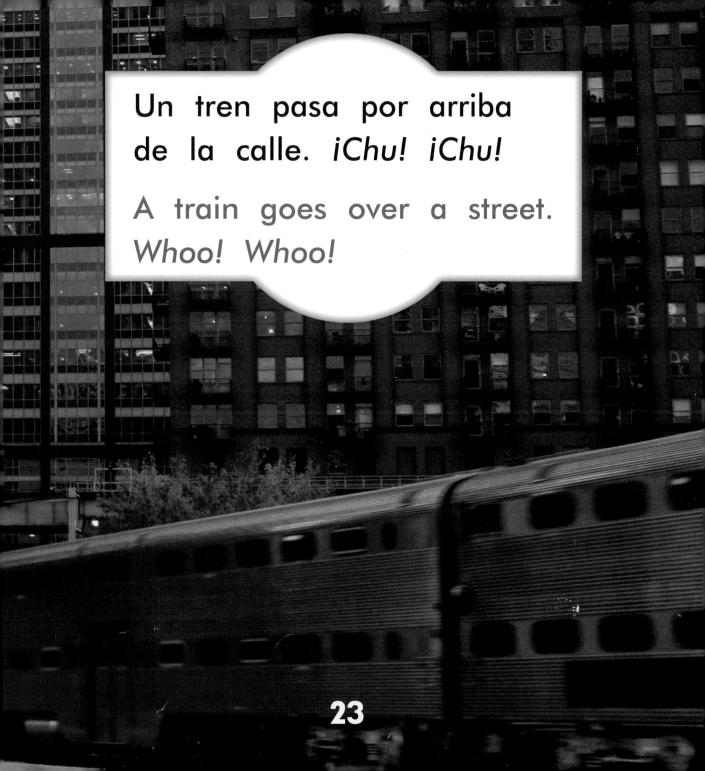

Un tren pasa por arriba de la calle. *¡Chu! ¡Chu!*

A train goes over a street. *Whoo! Whoo!*

23

Índice / Index

Websites to Visit

members.enchantedlearning.com/themes/transportation.shtml

www.boatsafe.com/kids/navigation.htm

www.dot.state.pa.us/Internet/pdKids.nsf/TrainHomePage

Sobre las autoras / About the Authors

Por medio de llamadas telefónicas y correos electrónicos, Meg Greve y Luana Mitten pueden trabajar juntas aunque vivan a 1200 millas (1900 kilómetros) de distancia. Meg vive en la gran ciudad de Chicago, Illinois y puede jugar en la nieve con sus hijos. Luana vive en un campo de golf en Tampa, Florida y le salen pecas en la cara cuando juega en la playa con su hijo.

Thanks to phone calls and e-mails, Meg Greve and Luana Mitten can work together even though they live about 1,200 miles (1,900 kilometers) apart. Meg lives in the big city of Chicago, Illinois and gets to play in the snow with her kids. Luana lives on a golf course in Tampa, Florida and gets freckles on her face from playing at the beach with her son.

Artista: Madison Greve

24